Fractales de Plenilunio

Margalit Sagray-Schallman

La Torre de Babel Ediciones

1ra. edición Enero de 2015
Copyright © 2015 Margalit Sagray-Schallman
Copyright © 2015 La Torre de Babel Ediciones
P.O.B. 321, 2210202 Naharia. Israel.
ISBN: 978-965-91073-4-6
Editado en Israel.
http://latorredebabel.wordpress.com/editorial
e-mail: librosylectores@gmail.com

Diseño de tapa: Roberto Gregorio Sánchez Soria©
Prólogo y poemas 3, 7 y 10 que integran el Apéndice epistolar:
Gabriel Di Cicco ©
Foto de la autora y texto Sobre la autora: Kineret Mizrahi©

Al hombre que posibilitó mis imprescindibles

e indispensables baños de Luna.

Índice

Sobre la autora

Margalit Sagray-Schallman, nace en Bahía Blanca, Argentina, en 1949. Se radica en Beer-Sheva, Israel desde 1969. Actualmente se desempeña como directora de coro y traductora oficial, amén de la investigación literaria.

Dos derroteros, entre otros, resaltan como constantes en su quehacer profesional y su expresividad artística: la música y la literatura.

Educadora musical, ha publicado: amenas obras didácticas sobre teoría musical modernizando arraigadas tradiciones del sistema de educación formal; canciones para una sola voz; composiciones corales laicas y litúrgicas.

Asimismo, publicó en hebreo tratados sobre las formas poéticas españolas antiguas cristianas y judeoespañolas, y libros de poesía. En sus poesías hebraicas ha dado expresión a su ser femenino y su vivencia de dos ámbitos contrastantes y aunados: el complejo urbano y el desierto.

Sus investigaciones sobre poesías litúrgicas medievales judeoespañolas (en este tema posee ya tres títulos académicos) moldearon esta "aventura poética" titulada *"Fractales de Plenilunio"*, donde intenta un mensaje de renovadora simbiosis entre la actitud postmodernista y neorromántica, por un lado, y la forma arcaica neoclasicista, por otro lado. Y sin desdeñar un toque de delicado erotismo.

Este *corpus* está integrado por doce poesías, compuesta cada una en la noche de plenilunio durante doce meses seguidos. Fueron enviadas cada mes a un afamado compositor y maestro de música argentino residente en su ciudad natal (ver la correspondencia intercambiada en el "*Apéndice epistolar*"). Siendo ambos compositores, no es de extrañar que las poesías sean expresión literaria de profunda vibración sonora, y como tal, teniendo un "introito" y una "coda", responden a moldes formales musicales.

Cabe destacar que la autora, en esta serie, retoma su idioma materno, que no utilizó para la expresión artística poética durante casi treinta años.

Kineret Mizrahi
Beer Sheva, Israel, Diciembre de 2014

Prólogo

Si, como se ha dicho, la poesía constituye un poli-universo, el presente poemario de Margalit Sagray-Schallman representa, a la vez, esta polisemia y aquel rigor que es exigencia congénita a la obra artística.

Este ciclo de poemas manifiesta desde su título general "Fractales de Plenilunio" una dualidad que puede ser considerada como la raíz dialéctica del "enfrentamiento" (del "cimento", como ha expresado Vivaldi en el título de una de sus obras más celebradas[1]) entre ambos términos. Uno, "plenilunio", de ancestro romántico, recuerda cierta filiación musical que, dada la profunda sensibilidad de su autora, quien, desde niña practicó la música a través de varios instrumentos y de su voz (magnífica, cercana al timbre crepuscular, otoñal, de un corno inglés o una viola) que puso a prueba en sus años argentinos (como miembro del Coro Universitario de Bahía Blanca, bajo la dirección de nuestro venerado maestro José Luis Ramírez Urtasun) cuando pudimos compartir algunos eventos inolvidables (óperas, zarzuelas, oratorios, la Novena) y luego, en un profundo buceo académico a través de sus investigaciones académicas y su labor de didacta y directora de coros.

---

[1] Se refiere al corpus musical de doce conciertos *Il cimento dell'armonia e dell'inventione* de Antonio Vivaldi, los cuatro primeros conocidos como "Las cuatro estaciones".

La otra palabra, "fractales", la remite a la ciencia del caos. Ambas, pues, señalan los polos entre los cuales fluctúa su poesía: La voluntad de codificar el caos sin caer en un neoclasicismo seco y anacrónico y la exaltación nocturna de filiación romántica que remite a las atmósferas tan queridas a Beethoven, Chopin, Liszt, Debussy...

En la poesía de Margalit S. predomina una sensualidad controlada que la protege tanto de la seca perfección de una forma "académica" como de un desorden primigenio que amenaza siempre al artista.

Hay en sus poemas una concordancia - tal vez espontánea - con la triple concepción griega que resume la palabra "*musické*": Palabra, música y danza. Sus poemas se hallan firmemente estructurados, de manera que los pies de la danza conducen el ritmo interno consolidado, que, a su vez, garantiza el control silábico, robusto, sólido, que se opone a un fluir descontrolado del pensamiento poético proveniente de un mundo interior tan apasionado y vital como el suyo.

La palabra retoma aquí su fuerza shamánica originaria, conservando, al mismo tiempo, su ambivalencia y su precisión. La música que conllevan contribuye a exaltar la sonoridad eufónica del vocablo. Quien lea estos "fractales" tendrá, a no dudar, la instantánea convicción de la solidez de su entramado, la sugestión poliédrica de su significado y la sensación de un fluir acuático de río bañado por una luz lunar eterna, y mutante que, a la vez, rechaza la melancolía o la nostalgia. Hay en esos versos algo de vitalidad mítica, de ninfas acuáticas en juegos eróticos que cantan a la alegría de estar vivas, que recuerdan algunas pinturas de Renoir o de Boucher y algún segmento de "El Moldava" de Smetana (precisamente el episodio de las diosas fluviales a la luz de la luna).

Es necesario señalar, finalmente, que Margalit S. ha podido conservar la belleza de su lengua de nacimiento, pese a su traslado a un nuevo ambiente lingüístico que, a su vez, también le pertenece. Laten aquí las antiguas romanzas sefarditas, las canciones trovadorescas medievales, las canciones de arcaicos navegantes...

Poder reunir tantas facetas y tantas virtudes en poemas de rara perfección formal y apasionado mensaje, revela la posesión de una férrea voluntad formal, una sensualidad sonora y la perfección tímbrica de un cuadro renacentista, que recuerdan a un Botticelli.

Nunca anacrónica, siempre sólida, siempre sensual, su palabra gratificará a quien lea estos bellos poemas, dejándole una cierta convicción de que han llegado para quedarse. Todos esperamos nuevas aproximaciones al arduo "oficio de cantor" que enaltece la sensibilidad de esta multifacética artista.

Gabriel Di Cicco
Bahía Blanca, Argentina, Diciembre de 2014.

Introito

Salve, oh Luna preñada.
A tu reflejo de hada
duna y playa encantada
fertilizan sus cristales.

Fragmentos ¡serán fractales!

Luna de mazapán

Las noches de luna de mazapán
¡ay! ¡Qué lejos, distantes están!

De mazapán iridiscente
luna llena complaciente
incandescente, emana luz.
Mis muslos eran tragaluz.

¡Blanco mi cuerpo, blanca su miel,
sabor destila la blanca piel!

Rotundos pechos su plata roban,
en pleito infinito abogan.
El firmamento viste manto oscuro,
pero no es juez, ni árbitro duro.

Desmigaron noches y mazapán,
muslos y pechos – ¿perpetuarán?

Luna de azahar

Las noches de flores de luna de azahar
devuelven lagunas: ¡Nostalgias de amar!

Rotunda, redonda, perfiló el anca,
galope lunar de potrilla blanca.
Salvaje y tierna corrí hacia la luna,
fiel y anhelante a través de la duna.

¡Pasar la cima! ¡Revolver la arena!
Laguna de esperma baña y encadena.

Traidora tu piel, viril flor de luna.
Firme y erecta, tu espina de tuna.
Mis ancas se abren, valle de carmín:
El rayo de plata robó mi jazmín.

¡Sigue adelante, a la próxima estrella!
Vuelve la luna! Copula con ella.

Merengue de sirena y luna

Recostada en brumosa roca, plañidera,
derrama su canto la sirena:

"¡Oh, mi luna! Con tu magia de hada
perfila el seno. Y plena,
convierte en merengue su arena
de crema y cerezas coronada.

¡Oh, mi dulce, absorbente merengue!
Al toque de plata candente
de azúcar, erecta saliente,
arpegia brillosos fractales dolientes

agridulces, maduros, y rellena
mi dúctil cola de sirena.
Endulza la mar salada.
Tensa mi cuerpo, arpa encantada".

Enroscada esparce espumosa cabellera,
silencia su canto la sirena.

Jarabe de vino y luna

Dulce sangre de potrilla blanca
violada con gruesa gota
que en ala de gaviota
hiere arenas ignotas,

lavada con suave y tibia espuma,
tu pena la noche agota.
Caricia y vino de bota,
cura la luna tus venas rotas.

Vientre de luna invernal

Comba,
nítidamente delineada,
¿qué lides mantienes
con la perfecta luna cincelada?

Cóncavo,
deliberadamente excavado,
¿qué calidez imprimes
a los cristales de la playa helada?

Cántaro,
firmemente redondeado,
¿qué simiente te desborda
en alquimia de mosto blanqueado?

Perfil,
imborrablemente dibujado,
contra la cruel borrasca
en la arena plateada has perdurado.

Cópula de pausas y silencios

Porque el silencio
es música,
la luna resuena
acústica.

Porque la pausa
es auditiva,
la luna canta
caritativa.

Porque la cópula
de los efectos mudos
es fertilizadora,
la luna da a luz
la vibración sonora.

Conversión

De profundis

Al cumplirse la séptima luna
de tensa poesía renaciente,

al mágico toque plateado
que todo revierte y convierte,

al tremolar de timbales
del oleaje feroz y ardiente,

al tocar la abierta entrepierna
la costa de arenas hirvientes

te invocan ¡oh luna floreciente!
las profundidades de mi alma doliente,

y te imploran:

cada azar tormentoso, ¡oh luna!, convierte
en tiara de azahar tenaz y paciente.

Fractales de Plenilunio

Tonalidad: si menor.

El acróstico da la escala musical a partir de la nota "si".

En la octava luna

Impresiones en escala

Sideral Sirena:
Sigilosa simiente
Domina dorada dormida doliente
Resbala resala renueva revierte
Mima mística milenaria mirra.

Fabula fantasías, falacias, favores,
soleándose soñadora solitaria Solweig,
labra lastimada laminada lameada
silueta sinuosa sibilante sincronizada
siente, silba,
siembra,
silba,
silencia
si...

Margalit Sagray-Schallman

En sábado copiosamente lluvioso,
probablemente la última lluvia de este año.

Himno a la luna preñada

Se inundan y dilatan tus cráteres
    Murmurado tintineo de triángulos virginales

Derrama su rocío el monte Hermón
    Suavizado chisporroteo de campanas
tubulares

Aumenta el vientre del lago Genezareth
    Susurrado trémolo de aunados timbales

Crece el caudal del cansado Jordán
    Asordinado repiqueteo de cascabeles lunares

Espejean las lajas de la Vía Dolorosa
    Burbujeado cotorreo de celestas manantiales

Esponjean las piedras del Muro del Templo
    Incrementado canturreo de vibráfonos
patriarcales

Fractales de Plenilunio

Desborda el Pozo de la Reina del Desierto
    Fortificado baqueteo de panderos
matriarcales

Dilata el atávico camino al mar
    Intensificado salmodeo de flautas siderales

Torrentea la lluvia por las escamas de la sirena
    extremado allegro de xilófonos modales.

Al plenilunio

Ofrenda purificadora

A la luz de tu porcelana
un purificador festín
abrillanta el alma con barniz
en limpia orgía de matiz blanco

en el instante en que tus rayos
reflejan en cuencos de yeso, tiza y cal
dispuestos en círculo sobre salada arena
espejeando cada uno hielo candente
de arak, anís y vino blanco

acomodado en el centro
coronado de mazapán, merengue,
crema batida, claras a nieve,
fina lluvia de impalpable azúcar,
ribeteado de caracolas en filigrana
el budín de arroz blanco

Fractales de Plenilunio

invitados: los senos de la sirena
acariciados por el vientre del delfín,
el llanto de las mejillas de Solweig
en el miembro del envejecido Peer Gynt,
el cierzo, la escarcha, la espuma
en las albas rotundas ancas de potrilla
fertilizadas por raudo corcel blanco

desfilan en triunfal comparsa
se ubican en ronda festiva
brincan ritmos, impetuosas danzas
liberan quejidos, murmullos, repiques,
                              /silbidos,
elevan plateados cánticos
coronados de jazmines, narcisos,
entrelazados azahares, jacintos,
blancas rosas, lirios blancos

hasta bañarse en blanca calma
hasta el silencio blanco.

Cada estrofa compone la suma de once sílabas

Undécimo plenilunio

Llega el unicornio a la orilla del mar, y canta:
"Sal.
Arena cristalina, sustancial.

Seno.
Despierto, caliente, sereno.

Sirena.
Son, y cántico y cadena.

Soñadora,
sutil, encantadora.

¿Sufriente, sola?
Ven, lame la ola!

Suplica, ardiente,
plena, turgente,

soberana, plateada,
luna, hada..."

Fractales de Plenilunio

Responde la sirena:
"Sibilante unicornio:
 cúbreme

seco
de dunas, de piedras, de eco.

¡Sal de tu cueva carnal, bebe el...
mar!"

Margalit Sagray-Schallman

Antífona de fractales lunares

Asciende la Luna en decorado escenario
fractales infinitos su boca derramando,
su canto invocando:

"Arena, desierto, mar
  (coro) la Espiritualidad implora: "paz, claridad,
inmensidad"
viento, espuma, granizo
  la Espiritualidad implora: "ansiedad, sensitividad,
sensualidad"
perfumes, pétalos, escamas"
  la Espiritualidad implora: "serenidad, tranquilidad,
impasibilidad".

Las olas responden en pugna constante,
atrayente armonía de cantilena disonante,
inacabable fantasía, canturreando:

"Todos los perfiles son dibujables

    (coro) la Espiritualidad acota: "en amplia nítida costa"

y la potrilla expone su anca

     la Espiritualidad acota: "en blanca redondeada bahía"

y flamean las crines del unicornio,

su solitario cuerno resaltando

     la Espiritualidad acota: "en tibio acunante remanso"

y mejillas, y senos, y lágrimas

de abandonadas sirenas

     la Espiritualidad acota: "en dulce serena caleta"

y erectos miembros y fractales corporales

     la Espiritualidad acota: "en fresca plateada playa"

y aromáticos elixires, y manjares elaborados"

la Espiritualidad acota: "en suaves murmullos
asordinados".

Retruécano final de la Luna:

"¡Y son enteramente míos,

por toda la eternidad,

mis destellantes fractales armonizados!".

C o d a

Salve, Plena Luna preñada de fractales,
concebida por torrentes y caudales.
En la salada arena, los cristales
dan a luz dulces rosales.

Apéndice epistolar

Después de 42 años

de ausencia y silencio

14 enero 2009 – "El silencio también es música"

Carissima:

¡Qué alegría recibir una carta tuya!... Desde hace varios años he tratado de recuperar un diálogo trunco en la materialidad de la letra escrita, pero nunca trunco en el espíritu... hasta que hoy recibí tu carta... Tengo 66 años, 4 hijos y una nieta fabulosa, desde 1982 comencé a componer sistemáticamente...

Hola Gabriel:

...No alcanzo a discernir si como músico conservas alma de poeta, o como poeta conservas alma de músico - y la edad cronológica para esto no cuenta... En julio cumpliré los 60 años, 2 hijos (mi hija menor falleció hace 2 años), mi hijo toca la trompeta, 1 nieta de 10 años comienza con el piano...

❖❖❖

22 enero 2009 – "La pregunta sin respuesta"

Carissima Marguita:

...En un tiempo, tal vez desde 1990 hasta el 2000 (sólo esporádicamente después) me dediqué a escribir poemas; me salían como agua de manantial y llegué a conservar más de 500, algunos de los cuales puse en música... en una oportunidad se leyeron varios en un programa radial y causaron gran efecto. Te mandaré algunos en mensajes sucesivos...

Mí querido Gabriel:

¡Qué fiesta tus mensajes! Hacen que una cuerda interior de mi alma vibre, lo que pensé que ya no volvería a suceder (después de perder a mi hija, mi sobrino, mi madre, mi tío más querido, mi amigo de juventud más íntimo)...

❖ ❖ ❖

3 febrero 2009 – "Textos olvidados y olvidables"

Aquí van algunos poemas...Fueron escritos casi sin retoques o correcciones, como si me fuesen dictados desde algún lugar... (*algunos extractos:*)

Poema no. 3

En tu boca

caben todas

    las músicas

    del estío

el sueño de mis

    insomnios

mi nombre

    pájaro solar

el mundo

    revelación de

    tu carne

la luna

rosa hipnótica

    demorada

    en la llovizna austral...

Fractales de Plenilunio

Poema no. 7

...detrás de la
        lluvia
la luna
        duerme desamparada
inútil
        nenúfar celeste
        no mira
                el pinar
                noctámbulo
                goteando
                        lentas
                agonías
                sobre las
                hierbas húmedas...

Poema no. 10

...inaugura la liturgia nocturnal
el canto de los grillos no la toca
es la luna

❖ ❖ ❖

14 junio 2009 – "En tu dolor"

Mio caro Gabriel:

De la mano de Dante ya he bajado a los infiernos, desde allí no veo ni a Beatrice ni al Paradiso... Dentro de unas horas se realizará la ceremonia del descubrimiento de la tumba de mi amado sobrino Fredi, un sol de nuestra vida que en un segundo se ha apagado para siempre (un conductor borracho atropelló su coche en la carretera cercana a su casa en Milán) Dios quiera que su bella alma eterna vuelva a iluminar nuestros días...

Carissima:

...De alguna manera, que se encuentra más allá de mis palabras, estoy contigo; tu dolor es mi dolor y espero poder ser tu Virgilio para apoyarte y ayudarte a cruzar este "infierno"...

❖❖❖

12 julio 2009 – "En un arranque de coraje"

Gabrielissimo:

¡Ahora o nunca!

Si no lo hago mientras el sonido de tu voz reverbera en mis oídos (¡qué gran invento el teléfono!), no me atreveré a enviarte el producto de un ex-abrupto. Nada más te pido recuerdes: deben haber pasado varias décadas desde que escribí poesía (si puede llamarse así) en castellano. Este renacer seguro se debe a la alquimia de nuestra correspondencia.

Carissima:

He leído tu poema ("Luna de mazapán") y creo que no deberías haber "juntado coraje"; posee belleza y recato. Me recuerda vagamente el tono de algunos pasajes del "Cantar de los Cantares", en su tono intimista y lírico... su erotismo sugiere el pudor de una joven virgen "a la antigua"... Además, tu castellano es perfecto. Nada indica que hace tantos años no escribes poemas en nuestra lengua común. Me gustaría continuaras haciéndolo...

❖ ❖ ❖

19 agosto 2009 – "Otro arranque"

¡Ah! Mi Gabriel:

...dejando de lado la epidemia, los problemas de presupuesto para pagar las cuentas, los duelos y ceremonias, el tremendo calor, la perpetua amenaza de guerra, las obligaciones familiares (digamos que todo entra en una globalización: RUTINA), lo que más bronca me da, una bronca negra negrísima, es que tengo registrados motivos e ideas, rimas y estructura de la poesía de la última luna llena, que deseaba enviarte esa misma noche ("Luna de azahar"). Muy larga resultaría la lista de causalidades y casualidades que lo impidieron. Tal vez consiga terminarla y enviártela en la próxima luna llena...

Carissima:

...espero que los escollos externos sean superados y puedas concretar tu estudio sobre la poesía medieval española... Reitero mi alegría por tu nuevo libro de poesía (en hebreo). Me gustaría me detalles algo del mismo...

3 y 4 setiembre 2009 – "Aquí va el otro arranque"

Gabrielissimo:

...me prometí y te prometí que en esta luna llena la cotidianeidad no va a vencerme. Y cumplo, sea cual sea el resultado. Adjunto otra poesía que podría llamarla "otra canción de luna" para mi lunario ("Luna de azahar"). Cuidé de conservar la forma: 2 cuartetas y 3 dísticos alternados, versos más o menos endecasílabos. Rima fluctuante entre aguda y grave.

Y la temática semi-erótica, semi-arcaica, semi-nostalgiosa, semi... Lo que quieras.

Carissima:

...en tu poema ("Luna de azahar"), hay mucha belleza formal y de imágenes; algunas palabras detonantes, como "ancas" y su ambiente señalan con la ambigüedad necesaria la exploración de rutas ignotas o prohibidas... siento música de flautas y antiguos címbalos... espero tu verbo, aunque sea un juego poético...

Gabrielissimo:

...El sonido y la vibración modal de las improvisaciones árabes en flauta, laúd, kanún, con la darbuka de fondo marcando un ritmo palpitante – son aquí el panorama acústico más común, puedo sentirlo a mi alrededor en la calles, en la radio y la televisión, a todas horas. No es extraño que algo de todo eso se "escuche" como fondo de mi poesía. Hasta que reconvierta tus expresiones en mi próxima poesía (¿la próxima luna llena?), ¿puedes explicarme qué es un "fractal"? ¡No lo encuentro en ningún diccionario!

❖ ❖ ❖

5 setiembre 2009 – "Emocionantes los fractales"

Carissima:

...Prueba en Internet Fractal Music (sin comillas)...

Gabrielissimo:

Gracias por el envío de fractales. ¡Qué maravilla!

Si alguna vez llego a publicar mi lunario, retomo la herencia de Leopoldo Lugones en su Lunario Sentimental, elegiría el slide no. 30 de ilustración de tapa... tu frase un fractal que canta me parece ahora ideal para trabajarla como idea, a nivel poético y musical, y visual (¿carbonilla sobre papel de textura rugosa?). Suena atrayente como título de la expresión artística basada en la variación sobre la "pluralidad de culturas", que aquí es una de las expresiones más comunes...

Carissima:

...sugiero que te permitas una absoluta libertad formal, alejada de estructuras que limitan la fantasía al someterla al corset de la rima o del verso (herencia de los griegos). Las imágenes eróticas, los deseos, están más allá de esas limitantes... en mi opinión, el erotismo poético puede ser llevado a un grado de paroxismo extremo, pero debe ser poesía al mismo tiempo. Esto me trae al presente el 1er. Movimiento de la Cuarta sinfonía de Tchaikowsky, verdadero cataclismo sonoro que en su clímax sonoro (casi al final del movimiento) puede sentirse como un orgasmo. Es cierto que el compositor explica que se trata de un planteo filosófico sobre el destino del Ser Humano, expresado en música, pero puede ser también una metáfora...

❖ ❖ ❖

8 setiembre 2009 – "Aclarando aclaraciones I"

Sabes, Gabrielissimo?

Para mi los moldes formales no son barreras ni corset. Por lo general, la métrica me surge en forma natural, como si estuviera dentro de mí misma. Pero siendo post-post-post-modernista, utilizo o abandono la forma fija de acuerdo a como lo siento, o como medio instrumental para lograr un efecto determinado. Muchas veces eso sucede en el marco de la misma poesía, solo que en hebreo tiene mas fuerza que en castellano. Me parece. No lo sé. Veremos que fruto da todo esto!

Carissima:

...Antes que nada quiero expresar que no ha sido mi intención dictar leyes de estética pedantes...

Gabrielissimo:

...comento contigo mis actitudes estéticas por puro placer... comparto contigo un detalle, una idea a nivel de análisis temático/poético, que tal vez será importante en el futuro: la influencia de Lorca en estas poesías de luna y en mis obras editadas en hebreo es muy evidente, y obviamente supuse que la imagen inmediata de la potra de nácar estaría presente en todo lector que pertenece a nuestra cultura. Pero hay una diferencia fundamental: en Lorca la imagen es expresada por el hombre, que vé y siente así a la mujer. En "Luna de azahar" la mujer que en el momento poético se está expresando, se vé a sí misma como potrilla, sensual, salvaje y rotunda. Me gustaría saber cuál es la respuesta, a la luz de tu sensibilidad, sobre las implicaciones de esta diferencia.

Carissima:

La cuestión que me planteas no me parece fácil de responder; sólo puedo arriesgar algunas hipótesis guiándome por lo que he leído (no específicamente sobre el tema) y lo que me dicta mi "intuición". En primer lugar, lo que ocurre aquí tiene correlato con muchos otros casos; por ejemplo, la flor como signo de lo femenino (la Mujer, Berlioz dixit), también la acción de desflorar, lo mustio, lo fragante, etc., que la Mujer implica en tanto "flor". Es decir, el símbolo "potra", un poco brutal, si te parece, fue utilizado por mí para poder citar a Lorca quien, a pesar de ser varón tenía una sensibilidad "femenina" como lo prueban especialmente sus obras teatrales (sobre todo "Yerma" y "La casa de Bernarda Alba"); en "La Casada infiel", de donde proviene la cita en realidad Lorca, en tanto Artista, debe travestirse en gitano, quien es quien relata en primera persona el suceso. Obviamente tanto el caballo como su hembra han sido símbolos válidos en muchas culturas para establecer una metáfora sobre la mujer y/o el varón; "me sentía un potro", "era una potra"; estos signos son utilizados, creo, en virtud de lo que significa tanto el caballo como la hembra: esto es, nobleza, fuerza, poder, gracia, libertad, etc. Así pues, en determinados marcos semánticos sustituyen perfectamente a los nombres propios de hombre y mujer. Así también, mutando dicho marco, pueden ser despectivos y hasta agraviantes: "es un caballo" (respecto a un médico que no se caracteriza por una buena praxis o diagnosis, por ejemplo); es una yegua (por una mujer non sancta o despiadada o carente de "sentimientos")... Como en las antiguas historietas:

CONTINUARÁ.

❖ ❖ ❖

9 setiembre 2009 – "Aclarando aclaraciones II"

CONTINUACIÓN:

Por lo tanto, la elección de un equino hembra y joven para simbolizar a una hembra humana que respira libertad y deseo y se siente deseable y deseada y que sus hormonas y epifenómenos relacionados con su química, incluyendo la sensación de ser "rotunda" (que dicho sea de paso, proviene de "redonda"/rotonda) es perfectamente viable en el contexto poético-erótico que tu poema transmite aún cuando en otros segmentos del mismo hay un acercamiento a palabras más "realistas" y directas, hasta científicas (o anti-poéticas en cuanto un lenguaje científico es la antítesis de lo poético, caracterizado por lo ambiguo y la sugestión). Discernir, en mi perspectiva, por qué hay una coexistencia entre lo muy concreto y exacto ("esperma" es "esperma" aquí) y lo simbólico y metafórico - es un terreno tal vez imposible de abordar estética y formalmente (al menos para mí). O tal vez debiera recurrir a un discurso que por su complejidad y extensión no viene al caso. Por ejemplo, Neruda en uno de los "Poemas del Capitán" para referirse al orgasmo masculino escribe "gotas de agua gruesa" lo cual es una genialidad poética e anche objetiva. No estoy seguro de que esto se encuadre en tu propuesta. En todo caso es lo que ahora me sugieren tu poema y tu planteo, digamos, "teórico"...

❖ ❖ ❖

4 octubre 2009 – "Obsesión"

Gabrielissimo:

¿Será que poetizar mis vacías noches de luna llena se está convirtiendo en obsesión?

Este tercer envío ("Merengue de sirena y luna") confía en tu promesa de ser mi Virgilio, expresada en correo de hace varios meses atrás.

Tal como especifico en el encabezamiento, revertirla en música obliga al ritmo de "merengue" cubano, estilizado.

Tuve dudas con la condición esponjosa del merengue (en repostería), el diccionario da cuatro significados, físico-químicos y figurativos (atraer hacia sí, cautivar). Me parece que todos son aceptables en el contexto poético.

❖❖❖

4 de octubre 2009 – "Respuesta: Espejo lunar"

Carissima:

Tu poema es muy bello, de gran delicadeza y pleno de sugerencias. Algo de él me recuerda el clima de los simbolistas franceses o de la música de Debussy. Cada palabra posee una resonancia propia y entre todas tejen una atmósfera que me sugiere el "Preludio a la siesta de un fauno".

❖❖❖

4 noviembre 2009 – "Otra para el lunario – "¿Prosaico viene de prosa?"

Gabrielissimo Virgilio:

Hoy dejé a un lado a todo el mundo prosaico, con la esperanza que también el mundanal ruido me deje tranquila a mí. ¡Y salió! ("Jarabe de vino y luna"). Parece que los astros se compadecieron.

Carissima:

Recibí tu última poesía, muy bella y concisa... No es necesario cumplir rigurosamente con los ciclos lunares para escribir poesía; ya sabes, cuando aparece la llamita, ahí es; si me escribes algunas poesías (más bien breves) y me das libertad para reinterpretarlas compondré un ciclo de canciones. Si bien la temática queda a tu voluntad, mucho me gustaría que abordes el tema erótico-amoroso; en fin, vos verás.

Gabrielissimo:

No me esmero en respetar el ciclo lunar, es el ciclo lunar el que me inspira - me sentía casi enferma, hasta que conseguí borronear y tachar y teclear este "jarabe" que te envío. Puedes sentirte totalmente libre de recomponer o tomar motivos, si viertes este ciclo (mi lunario) en armonías.

Con algo de humor, elegiría para las palabras "tu pena la noche agota" y "cura la luna" la nota (en ostinato) y la tonalidad de "sol" (menor y mayor, respectivamente), en contraste con el astro sol. Claro que es difícil que el oyente pueda captar la ironía.

¡UY! Perdón, estoy entrando en tu terreno, olvidé que mencioné que tienes plena libertad y no deseo influenciarte. Pero me da lástima borrar lo que ya escribí (lo que ya he tecleado).

❖ ❖ ❖

2 de diciembre 2009 – "Fresquita"

Gabrielissimo!

Fresquita, recién plasmada, te envío esta 5ta. Poesía ("Vientre de luna invernal"), que fui elaborando y fermentando durante mucho tiempo (las últimas décadas).

El diccionario me dice que los significados aceptables para la palabra "borrasca" incluyen: Tempestad, riesgo, fam.: orgía; en mexicano: carencia de metal útil en las minas.

Tú dirás si he conseguido aunarlos y darles expresión, en estas cuartetas quasi-arcaicas, con primer verso en pie-quebrado, que va "llenándose" o aumentando de caudal con cada pregunta retórica.

Augurios, acto de contrición, invocación esperanzada.

Carissima:

Augurios por el nuevo año... Recibí tu última poesía muy bella y concisa pero me temo que me falta una. ¿Te sería muy complicado enviarme las cinco en un solo archivo? Me sería muy útil y benéfico.

❖ ❖ ❖

1 de enero 2010 – "Último fruto"

Gabrielissimo,

Adjunto el último fruto, la última poesía lunar, de este pasado 2009.

He llorado - sin motivo aparente - durante todas las horas del eclipse de esta luna que comienza la nueva década. Hacia las 22:00, se acabaron las lágrimas (solas - yo no intenté secarlas) y surgió esta poesía como "dictada" por algún "otro yo" ("Copula de pausas y silencios")...

Me causa satisfacción comprobar que, gracias a ti, contrariamente a lo que acostumbro en lo que se refiere a creatividad, por primera vez respondo a un marco "metódico": ¡una poesía por cada luna llena! (¡Vaya método!).

❖ ❖ ❖

30 de enero 2010 - "Plenilunio"

Gabrielissimo!:

Nuevo plenilunio.

Al finalizar una tarde de sábado con cielo de plomo, con extensa nube de polvillo blanco que cubrió todo el desierto, y penetró hasta los últimos escondites de cada recoveco y cada moldura de cada mueble (ay! cuantas anáforas!), con una posterior lluvia gruesa que consiguió embarrar el asfalto, los cactus de la ventana y el alma - el impulso de volar a bordo de la imagen y la fantasía consiguió que tecleé en unos instantes la poesía de este mes ("Conversión - de profundis"): Un tanto esotérica, porque solo tú sabes qué significa "la séptima luna", y por qué la poesía resultante es "tensa". ¿Recuerdas? Han pasado 7 meses desde que compuse en nuestro idioma, para una renovada comunicación entre nuestra sensibilidad, la primera poesía de este lunario, y que probablemente se asemeja a tensos balbuceos de bebé que trata de expresarse. Dudo que el lector impersonal pueda comprender las metáforas implicadas en las imágenes. Ya me dirás si bien no eres exactamente "un lector impersonal"!

"Plenilunio – símbolos – imágenes"

Carissima:

Acabo de leer la "última luna" y más allá de los códigos encriptados lo que está escrito es de una gran belleza; tal vez, desde un punto de vista estrictamente poético es la mejor: hay un uso de la imagen, de los vocablos, del ritmo interno que me recordó a algunos maestros del Renacimiento español y una musicalidad cercana a la de los poemas musicados por los madrigalistas cromáticos; no desdeña alguna imagen visual "atrevida" y lograda (pienso en la conjunción "piernas abiertas", "mar", "arena ardiente"). Es notable que ciertas figuras de un erotismo más explícito o realista asocian la piel, sus laberintos hechos para el placer, la posesión, la entrega, etc. se asocien frecuentemente al mar, algo que me ha sucedido también a mí; tal vez porque en el fondo, es decir en nuestro ancestro y en nuestro prenacimiento somos o hemos sido criaturas acuáticas. El ingresar al interior de una mujer por los caminos que se desee siempre me ha sugerido una especie de invasión oceánica (no de río ni de laguna) y me he puesto metafóricamente en ese lugar en alguna poesía y he sentido al mar buscándome... La poesía es muy bella y sería interesante musicalizarla para un cuarteto (o un octeto vocal) femenino y arpa o algo así. Es una lástima (es un decir) que haya que esperar otra luna llena para que te pongas a escribir, pero cada uno tiene un ritmo cósmico que debe ser respetado.

❖ ❖ ❖

2 de febrero 2010 – "Post-plenilunio – Respuesta a tu respuesta"

Gabrielissimo:

Tu respuesta es tanto o más bella que mi poesía.

Por un lado, me resulta natural que yo escriba sabiendo de antemano que tu sensibilidad responderá en el sentido que espero - y al convertirse la esperanza en realidad escrita en tu respuesta, la sensación es de plenitud, espiritual y física a un tiempo. Por otro lado, la viva y palpitante intercomunicación de nuestras naturalezas es algo extraordinario, extratemporal, telepático y tal vez, digamos, metafísico - en el más estricto sentido del vocablo.

El efecto cromático ascendente es la traducción musical que me suena adecuada y exacta, y asimismo la idea de un octeto femenino y arpa. Un cuarteto vocal no creo que sea bastante para expresar las figuras del oleaje y el ansia erótica multiplicada y en aumento, imbuida (tal vez "empapada") de religiosidad pagana. Por mi tesis sobre liturgia hebrea, que está llegando a las últimas etapas, no tengo tiempo para entregarme a la composición, ni la energía necesaria...

Llamo tu atención al hecho, fácilmente comprobable, de que gran cantidad de música folklórica argentina incluye la expresión "llévame hacia el mar", o "en ti siento el mar" especialmente en lugares donde no hay acceso al mar. Efectivamente, es la expresión de un anhelo erótico ancestral, y causa placer por sí mismo!

Puede que yo sea licántropo-poética o simplemente una lunática, sólo toma en cuenta que "sentir" y vivir esa condición de mi naturaleza es un lujo que me permito solo ahora, cuando todos los otros aspectos (eso que llamas "vida cotidiana") han perdido gran parte de su importancia. Pero, también me incentivan en ese sentido la presencia y vivencia del mar. Si llego al mar en los próximos días, no esperaré al plenilunio. Te prometo dejar correr el impulso de musicalizar las palabras y la catarsis.

Carissima:

...¿Qué sentirá la arena cuando llega la pleamar? Un animal planetario poseyendo a otro bajo la influencia de la luna. ¿Qué cosa, no?

❖ ❖ ❖

8 de marzo 2010 – "Aventura fonética"

Gabrielissimo:

Con retraso, pero aquí va esta octava "luna" ("En la octava luna – Impresiones en escala").

Parece que me he contagiado de los poetas andaluces medievales. Frustrada, triste, malhumorada, nerviosa y cansada, me he puesto a jugar con las palabras, doblegándolas hasta adecuarlas a las leyes o límites que yo misma he fijado. Es pura rebelión y rebeldía: ¿Es que siempre tiene que fijarnos sus reglas el mundo exterior?

Esta vez me pareció escucharte, pidiendo que no deje que los moldes prefijados me dominen. El molde lo he creado YO. Para que me obedezca.

Me siento bien ahora, creo haberlo logrado. Rompo la rima cuando se me antoja. Y ¿qué me importa la sintaxis?

Siento que tengo mi propio genio de la lámpara. Puedo ser un poco Aladino y un poco Schehrezade.

Carissima:

Hay algo de canto de triunfo en tu decisión de liberarte de reglas prefijadas. Tu poema resultante es muy hermoso; en mi opinión, te acerca un tanto al pensamiento cabalista y a un procedimiento especular respecto a Guido ¨d'Arezzo; él partió de un texto (eso lo sabés perfectamente) para dar nombre a las notas (sonidos) y vos tomaste los nombres para elaborar un texto. Se diría que partes de una escala hipodórica cristiana (con finale en SI). Procedimiento y resultado son felices y esa felicidad debe haber contribuido a disipar, en parte o totalmente, ese sentimiento de pesadumbre que se manifiesta (por primera vez?) de manera tan explícita.

Gabrielissimo:

...Aparte de Guido d'Arezzo, recordé el bolero "La escala musical": "Doquiera que tú vayas / si te acuerdas de mí / la pena que me invade / sol se ha de convertir / fatalidad, ya no existes / mi recuerdo será / resplandor en tus noches / doquiera que tú estás... (o algo parecido, si es que la memoria no me falla!)".

❖ ❖ ❖

10 de marzo 2010 – "Aventura fonética cuasi cabalística – Respuesta a tu respuesta"

Gabrielissimo:

Parece que en el molde de la última poesía me he contagiado de Shem-Tov Ardutiel, el rabino-poeta medieval sobre el que estoy investigando: la forma con acróstico y la repetición de la misma sílaba al principio de cada palabra, típicos de las poesías litúrgicas hebreas. Es un juego intelectual estimulante. Sonará bien en tonalidad modal, con algunos toques de cromática.

❖ ❖ ❖

30 de marzo 2010 – "Pascua y novena luna"

Gabrielissimo:

Al componer la poesía de esta luna ("Himno a la luna preñada") la lluvia me permitió un escape hacia un ambiente irreal, surrealista – si te parece, impresionista en su sonoridad, arcaico pero real en su geografía y ecología. Lamento no tener ni el tiempo ni la capacidad de concentración necesarios para componerla con la obvia orquestación ya "dictada" por el texto. Son 9 dísticos, por la novena luna desde que comencé la serie. Imagino que se puede expresar en un tema modal basado en 9 sonidos. La mención del Pozo y la Reina del Desierto se refieren al pozo que llaman del patriarca Abraham y a Beer-Sheva, en mi primer libro la llamé así – Reina del Desierto.

Carissima:

La nueva poesía me recuerda a las Secuencia medieval cristiana (Notker Balbulus, Tommaso da Celano, Wipo, etc) por su estructura. Es muy interesante y parecería un homenaje a mi Instrumentarlo casi favorito (es un decir, pero aparecen las campanas tubulares, etc., etc.); las nueve lunas de nuestra gestación son en realidad diez así que te falta una para cerrar el ciclo. La espero...

❖ ❖ ❖

3 de abril 2010 – "Retomando la otra vertiente – respuesta a tu respuesta"

Gabrielissimo:

Como dediqué el mail anterior a la familia, retorno a lo que tu llamas "el otro lado de la moneda". Siento gran identificación con quienes vivieron la temprana Edad Media, que consiguieron actuar y dejar su huella filosófica y artística. Cuanto más los estudio, más reconozco un paralelismo con nuestra época (caída de imperios y valores, acentuados fanatismos, etc.). Aproveché las horas anteriores, de relativa tranquilidad porque no vino nadie ni sonó el teléfono, para entrar por medio computado en el mundo de Notker Balbulus, Tommaso da Celano y sus amigos o enemigos. Imagino que las ideas de Notker le valieron no pocas críticas y burlas, pero eran geniales - "fertilizar" las largas melismas donde se pierde el hilo temático, con salpicado silábico, suena incongruente pero brillante. Sobre Francisco de Asís encontré una frase que me provocó envidia. Lo describen como "muy humano, débil y fuerte, pecador y arrepentido, duro consigo mismo (!!) y paciente con los demás, lento para el enojo y rápido para el perdón". ¿Exageran en la apologética?

❖ ❖ ❖

29 de abril 2010 – "Décimo plenilunio"

Gabrielissimo:

En las últimas horas terminé de dar forma a la décima poesía del lunario ("Al plenilunio - ofrenda purificadora"). Anduve por esferas bastante surrealistas, sintiendo la necesidad de reunir motivos e imágenes, hasta diría "personajes", utilizados en las poesías anteriores.

Echando un vistazo a las enviadas, tuve la sensación de que si alguna vez se publican, habría que ordenarlas no en el orden cronológico en que las fui escribiendo, sino agrupándolas por temática, dejando "Cópula de pausas y silencios" como final. ¿Será porque tanto anhelo la calma y el silencio?

"Dionisíaco festín I"

Carissima:

Recién hoy a las nueve de la mañana pude abrir el correo y leer tu última pieza lunar. Es una extraña fusión de receta culinaria ritual con una promesa de unión total que recuerda ciertas odas griegas (tal vez un poco de Píndaro y otro poco de Safo o Bilitis). El resultado es equilibrado y eficaz. Es probable que la primera mitad posea un significado oculto que se me escapa y que posea esa aparente simplicidad críptica propia de la poesía iniciática. La segunda parte es obviamente más explícita y habla de una preparación a un rito de fecundación o de gozo propio de la Consagración de la Primavera o cercana al Preludio a la siesta de un fauno. Qué pena que Peer Gynt esté discapacitado para ingresar entre las mórbidas colinas de Solveig, pero no dudo que ante ellas, como Álvar Núñez Cabeza de Vaca ante el Niágara la sola posibilidad de aventurarse por senderos desconocidos y/o prohibidos logre el "milagro" de la resurrección, abra las puertas del último paraíso y deje su mensaje cifrado en lo más recóndito de la doncella que continuando doncella recibió al unicornio profético en la máxima unión de dos dioses en el jardín de Ganímedes, reeditando las ceremonias proféticas que, al parecer ya celebraban los sacerdotes sumerios.

Es una hermosa poesía que, como una obra abierta, despierta en quien la lea un sinfín de sensaciones y de anhelos que tal vez puedan ser satisfechos alguna vez.

"Dionisíaco festín II"

¡Acallados los címbalos y las cítaras del banquete, sus detalles, como insectos voladores, siguen espoleando al lector con los aguijones del deseo y la elegíaca sensación de lo imposible!

❖ ❖ ❖

20 de mayo 2010 – "Volviendo de otras esferas"

Gabrielissimo:

Algo que sucede por primera vez: Poetizar el plenilunio... cuando todavía falta una semana para la luna llena.

En esta undécima poesía ("Undécimo plenilunio") puse especial cuidado en la puntuación, la métrica y la forma gráfica.

Seguro te estás preguntando por dónde navega mi alma. En realidad, no sé.

Hoy al mediodía estuve conversando con un psicólogo sobre el tema de las personas en las cuales uno se ve reflejado, y viceversa. Luego, no pude pensar más que en el número once y la forma métrica de expresarlo, dentro del contexto de la serie al plenilunio (todavía no concreté definitivamente cómo titularla).

Observarás la relación aritmética natural. Los números entre paréntesis indican, tal como se acostumbra en el análisis métrico, el número de sílabas de cada verso.

Además: la vocal en escala en la primera sílaba de cada verso (sa, se, si, so, su/ su, so, si, etc.); y la elección de la letra "s" inicial, para expresar fonéticamente el sonido sibilante que producen el unicornio y la sirena.

Aparentemente, es un movimiento natural de mi creatividad el volver a un marco formal fijo elaborado, después de una gran "tormenta" anímica

¡Qué alivio poder compartirlo contigo!

Carissima:

...He podido leer tu último poema que, como siempre, es bello en su expresión e ingenioso en su estructura.

Es innegable que te atraen los juegos medievales y cabalísticos; en éste, te acercas a juegos combinatorios que me recordaron entre otras cosas a Pierre Boulez y otros serialistas post-webernianos. El resultado es muy válido y el "mensaje" literario preciso y expresivo.

Me alegra que pese a las condiciones que dejas entrever en tus mails (entierros, enfermedades, etc.) tengas la voluntad adleriana de recrear el universo a través de tan bellos trabajos. Es evidente que estás Integra, mental y sensitivamente.

❖ ❖ ❖

1 de julio 2010 – "A modo de reprisa"

Gabrielissimo:

No deseo demorar más el envío de esta última poesía ("Antífona de fractales lunares") que completa la serie de doce plenilunios. Me parece que el título que podría resultar sugestivo para esta serie es "Fractales de Plenilunio" - ¿qué tal te suena?

En esta última, no pude evitar hacer una reprisa, sin presentar motivos nuevos, la intención es sólo dar un "acorde final", pero súper polifónico!

La próxima serie, que me anda rondando ya por los recovecos del alma, será probablemente: "Cuartetas al Cuarto Creciente". El marco de cuatro versos tiene sus motivos, los desarrollaré en otro correo.

Carissima:

Leí tu última poesía y me confirma nuevamente tu afinidad con el mundo medieval pues de allí provienen las antífonas que son la base de la estructura de esa poesía "resumen". Hay algo de Mahler también. Me interesó vivamente la imagen de la gacela y el unicornio y me rondó un buen lapso de tiempo.

❖ ❖ ❖

17 de julio 2010 - "Necesito tiempo"

Gabrielissimo:

De facto, y a pesar de mi intensión premeditada de epilogar sin agregar motivos nuevos, nace en la antífona una nueva voz, digamos un nuevo "interlocutor" o "personaje" que se enfrenta a la luna y le ofrece polémica: la Espiritualidad - que no aparece (o está sólo tácita) en las poesías anteriores. Y polemiza con la luna, y con la sensualidad, y con el hedonismo, y con el erotismo, y con el resto de los "personajes", o presenta el opuesto contrario a todos.

Dime, ¿cómo te parece expresaría Mahler- temática y orquestalmente - la repentina aparición de este motivo-personaje - la Espiritualidad?

❖ ❖ ❖

27 de julio 2010 - "Continuación"

Gabrielissimo:

Justamente en estos días la radio dedicó varios programas a Mahler. He escuchado el Adagietto con otro "oído interior", a la luz de tus mensajes. Con Leonard Bernstein y la Filarmónica de Berlín. Una catarsis completa. La interpretación de L. Bernstein es de una sensibilidad extra, extra, extraordinaria.

Adjunto la Coda para la serie de poesías, observé que (sin intención premeditada) la cuarteta comienza con verso casi alejandrino (13 sílabas), pero luego cada verso se va acortando. Me parece adecuado para el "finale". ¿Qué piensas?

❖ ❖ ❖

20 de julio 2010 - "Sobre la espiritualidad y otras yerbas"

Carissima:

Aquí se "celebra" el día del amigo por lo cual hago expresa una manifestación de deseo: feliz día.

Ya que estamos, te digo: creo ser materialista dialéctico, por lo cual creo que lo que llamamos "espiritualidad" es una propiedad de la materia altamente organizada y compleja; por lo tanto a ese vocablo se le puede incorporar toda actividad humana, incluyendo la sexualidad en todas sus variedades. Para mí, el deseo carnal y su concreción en sus diversas posibilidades (excluyendo toda forma de violencia o sometimiento; esto es, en una completa comunión de búsqueda y complementación) es un aspecto de la "espiritualidad".

Si se entiende por "espiritualidad" a una manifestación metafísica, estética y/o religiosa podría decirte que ella se manifestaría, según mi opinión (aunque no comparta los presupuestos señalados) en instantes mahlerianos como el Adagio de la Cuarta Sinfonía y en las "Canciones para los niños muertos" Kinder Toten Lieder; en menor medida, aunque la música es también sublime en el Adagietto de la Quinta o el único movimiento íntegramente compuesto por Mahler de su Décima Sinfonía. Por supuesto que, para mí, toda música de elevada concepción estética es "espiritual". Aspiro, parafraseando a José Ingenieros, a una "espiritualidad" sin dogmas.

En el campo específico de la sexualidad humana (tan difícil de 🯅ormalizar) aspiro y aspiré a un estado libertario, de comunicación metalingüística, sin fronteras que vehiculice lo más profundo de una persona en la otra.

❖ ❖ ❖

31 de julio 2010– "Toda la serie y comparto momento"

Gabrielissimo:

Quién si no tú puede comprender este momento que comparto contigo!:

Dediqué 2 horas a dar forma gráfica a la serie - adjunto el resultado, incluye el Introito, la Coda, tapa y texto de contratapa, dedicatoria y agradecimiento. Luego me sentí no satisfecha sino con una sensación de alivio. Cosa hecha. Estará lista para publicarse, por mí o por otros, en cualquier momento.

Espero tus observaciones – notarás que cito varias de tus expresiones.

Aleluya por la serie (¿Schöenberg?)

Carissima

Viendo el trabajo terminado, en bloque, me parece más magnífico que degustado en porciones como su gestación obligaba. El trabajo es "redondo" y en su relativa brevedad se muestra de una sensibilidad exquisita y femenina. Da la impresión de ser una especie de cantata más que de un ciclo de lieder, aunque puede participar de ambos géneros.

A tu gusto por estructuras medievales agrego cierto gusto por el mundo renacentista (redondillas y otros tipos del manierismo hispánico) conjugado con gusto soberbio y superior sentido de la simbiosis entre lo histórico de ciertos moldes y la versión personal que le imprimes.

Encuentro un cierto paralelismo con Borges en la actitud estructural. El pasado puede servir para expresarse hoy, sin caer en servilismos o pastiches. Creo, que es un hermoso trabajo.

Un solo detalle al releer el texto. En el n° 3 hay un acto fallido (creo): hacia el final, donde dice "mi" debiera decir "su" pues si bien la sirena bien puedes ser tú, siempre te refieres a ella como algo "exterior" a ti (creo, ¡bah!, no estoy seguro).

❖ ❖ ❖

2 de agosto 2010 – "Olvidé algo – respuesta a tu respuesta"

Gabrielissimo:

En la poesía no. 3 ("Merengue de sirena y luna"): Efectivamente, una duda que yo no supe cómo solucionar. Elegí el posesivo "mí" y no "su" porque ese verso es parte integrante del canto de la sirena. Es decir que, por fuerza, tiene que ser posesivo en primera persona. Es lo que la sirena pide para sí misma. El problema reside en que ese verso está demasiado alejado de las comillas que indican el comienzo del canto de la sirena (nueve versos más arriba), y se pierde el hilo y el contexto (también a mí me pasó). Y las comillas de fin del canto están dos versos más abajo. Pensé, tal vez, unir las tres estrofas de todo el canto de la sirena, pero en ese caso se "pierde" la musicalidad de la rima.

❖ ❖ ❖

18 de noviembre 2010 – "Personificar alquimias – en tu cumpleaños"

Muy feliz día, Gabrielissimo:

Pienso en ti como una personificación de la simbiosis entre música y química. Y el acto de componer como un proceso químico, donde puede ser factible la fusión de opuestos - en materiales y en ideas - y en la materialización de las ideas. No resistí la tentación de personificar la alquimia y deizarla. Y ofrecerte la poesía resultante en tu día.

Si esta - ¿poesía? consigue despertar tu sonrisa, ha cumplido su cometido.

Fractales de Plenilunio

Mundo condensado

Te invoco, Alquimia,
la que fusiona opuestos.

Silencio
vibración
onda sonora

edulcorada, salada, ácida,
densa, diluida,
clara, oscura, aromatizada.

Idea estructurada.
Un catalizador.
Un fertilizador.

Algo de mercurio,
pizca de afrodisíaco,
una aleatoria.

Mezcla ritmos,
matices,
armonía.

Fluidos gotean, burbujean,
caudal, torrente.

Nace

el tema.

Se ha condensado un mundo.

Has reconcentrado, Alquimia,

un universo.

Gracias, a ti y a las Gracias.

Carissima:

Gracias mil por tu bello regalo...No te parece que ese bello poema podría integrar un nuevo ciclo tuyo en clave alquímica y musical, ¿con algo de cabalístico y esotérico?...

Buen fin de 2010 y comienzos de 2011 (en términos gregorianos). Espero estés bien y sigas produciendo belleza.

GLOSARIO

arpegio.

(Del it. arpeggio).

1.   m. Mús. Sucesión más o menos acelerada de los sonidos de un acorde.

celesta.

1. f. Mús. Instrumento de teclado en que los macillos producen el sonido golpeando láminas de acero.

vibráfono.

1.   m. Instrumento musical de percusión, semejante al xilófono, formado por placas metálicas vibrantes, que se hacen sonar golpeándolas con una maza.

pandero.

(Del lat. pandorĭum).

1.   m. Instrumento rústico formado por uno o dos aros superpuestos, de un centímetro o menos de ancho, provistos de sonajas o cascabeles y cuyo vano está cubierto por uno de sus cantos o por los dos con piel muy lisa y estirada. Se toca haciendo resbalar uno o más dedos por ella o golpeándola con ellos o con toda la mano.

salmodiar.

1. tr. Cantar algo con cadencia monótona.

2. intr. Cantar salmodias.

alegro.

(Del it. allegro).

1. adv. m. Mús. Con movimiento moderadamente vivo.

2. m. Mús. Composición o parte de ella, que se ha de ejecutar con este movimiento. Tocar o cantar un alegro.

xilófono.

(De xilo- y –fono).

1. m. Instrumento musical de percusión formado por láminas generalmente de madera, ordenadas horizontalmente según su tamaño y sonido, que se hacen sonar golpeándolas con dos baquetas

antífona.

(Del lat. antiphōna, este del gr. ἀντίφωνος, el que responde).

1. f. Breve pasaje, tomado por lo común de la Sagrada Escritura, que se canta o reza antes y después de los salmos y de los cánticos en las horas canónicas, y guarda relación con el oficio propio del día.

cantilena.

(Del lat. cantilēna).

1. f. Cantar, copla, composición poética breve, hecha generalmente para que se cante.

coda2.

(Del it. coda, cola).

1. f. Métr. Conjunto de versos que se añaden como remate a ciertos poemas.

2. f. Mús. Adición brillante al período final de una pieza de música.

3. f. Mús. Repetición final de una pieza bailable

ostinato.

(Del it. ostinato; literalmente 'obstinado').

1. m. Mús. Motivo que se repite insistentemente durante una buena parte de una composición musical.

www.ingramcontent.com/pod-product-compliance
Lightning Source LLC
Chambersburg PA
CBHW032034090426

42741CB00006B/808